MILAN
MEMORY

中国的米兰记忆

ZHAO
HUI ZHOU

赵卉洲 著

海天出版社
（中国·深圳）

序一

孙瑞哲　中国纺织工业联合会会长 / 中国服装协会会长

不喧哗，自有声

欣闻卉洲的新书出版，我高兴之余，也为中国设计师真诚的自我表达所感动——在书中，她谈到自己在米兰时装周的际遇，谈到自己在艺术的殿堂之中流连忘返，谈到她在设计中的一些"小确幸"与"成长的烦恼"，也谈到了她对于中国原创设计的自我期许与梦一般的执着神往——"情怀"。这个同时需要不断在"仰望星空"与"脚踏实地"之间做频道切换的词语，个中滋味，唯有拿起针线与画笔，在一块布上身体力行、沉静游走的人方可了解，并体会其中"痛并快乐着"的感受。

中国设计师的成长，可以说是伴随着中国纺织服装产业的意识觉醒与灵魂复苏而成长起来的。我一直觉得，相对于人"双腿"的独立行走，"思想"的独立行走才是这个产业具有独立与独特魅力的根源所在。同样的，相对于产业的规模发展，对这个产业的内涵式挖掘，才是未来我们提升产业附加值，以及赢得尊重的必要途径——正如哲学家帕斯卡尔所说: "我们的全部尊严在于思想。"当一件衣服拥有并且暗藏着设计师的态度与思想,它才是灵动、有余味的,才是"你的气质可以被阅读"的。

在向来由西方设计主导时尚话语权的T台中心,中国设计师从边缘到融入,再到吸引镁光灯的投射与聚焦,显现出当仁不让的"存在感",这一条道路,充满着多少"不确定"与"确定性"的博弈?我想,这是难以估算与量化的。而"不确定",也许是未来中国设计成长必须正视直面的常态。或许,时尚的魅力恰恰就在于这种峰回路转、"柳暗花明又一村"的不确定性。在"民族的"与"世界的"之间,在"创意的"和"商业的"之间,在"审美性"与"功能性"之间,在"经典的"与"潮流的"之间,在"自我的"和"大众的"之间,中国设计有太多的命题有待求解,这些答案可能都会呈现出"不确定的"开放性。然而,有时候,一个好的问题也许比答案本身更重要。所以,我们需要在设计的价值转换过程中,保持这样的"思辨性"——不盲目,不盲从,不固化,不单一维度。设计师,在某种程度上需要成为思想家,去挑战、去享受这种"不确定性"。

而"确定性",又是什么?我想,是保有一种真诚的文化自信——是对我们几千年悠久的文化历史,保持敬畏之心,保持肺腑之爱与好奇之欲,要笃定一旦我们走近并且读懂了它们,它们必将反哺这个时代,反哺人类文明的传承与进化,反哺时尚的绵延与生生不息。与此同时,我们要笃信,随着中国国力的兴盛与经济、社会、文化的全面革新,由中国设计引领的时尚,也将成为这个国度,乃至这个世界时尚生态中的"图腾","China Creativity(中国的创造力)"同样担当得起顶礼膜拜与矢志不渝的追随。因为,在它的背后,站立着一个强大的、掷地之时有"金石之声"的"国家品牌"。

"万水伪镜虽与浪转,一虚真月寂然不动。"(《大正藏》

第79卷第2520部）身为一个设计师，他们的生活，有清寂的沉默，有丰富的热闹，有看到"碎布成衣"的圆满，也有仿佛永远盘旋于心尖儿的缺憾。然而，真正的好品牌，真正的好设计师，一定是"不喧哗，自有声"的。所以，我也期待更多的设计师，能够像卉洲一样，灵魂与身体都在路上，同时，"目既往返，心亦吐纳"，沉淀某一个瞬间纯而粹之的思考与感动，文而化之，自在自成。

值此新书出版，我也希望印象中的卉洲，以此作为一个愉己悦人的起点，对设计，永远保持那一份不知疲倦的好奇，几分孩子气的元气淋漓，以及那一颗热爱世间一切美好事物，"气质可以被阅读"的——"卉"质兰心。祝福艺之卉，祝福赵卉洲，也祝福中国所有的服装设计师。

序二

Barbara（芭芭拉）　自由职业者同时也是时尚编辑和经理人

热爱和创新让一位女士如此动人

我初次遇见赵女士，是在我生命中的一个相当困难的时期：那是在2015年，在起起伏伏的时装市场上工作超过30年之后，我被聘为 *Fashion Textile* 的编辑，这是一本关于颜色和面料流行趋势、技术和创意的杂志。这份工作挺有趣，但我已经觉察到意大利杂志行业将遇到大危机。而此时，我在另一个国家的友人给我带来了一个机会，一个让我感觉代表行业未来和非常有挑战力的机会。

我不得不承认，我对于能够认识这样一位著名的女士感到非常兴奋，她一手建立了一个如此大型、著名的服装公司，同时，也有一点点的焦虑不安，这与我平时标准的业务接触中的心态是不同的。赵女士希望我帮她介绍一些意大利设计师朋友，对我来说，这是没有问题的，因为我多年来一直在与这个市场上的大多数运营者保持着联系，但我想确保介绍她心目中想要认识的设计师。

我们约定在米兰一个很好的酒店里见面。我第一次见到赵女士时甚感惊讶，她与我想象的不同：她穿着很时髦，戴着一顶漂亮的装饰帽，穿一条舒适柔软的、长及脚踝的黑色裤子，以及一双精致的运动鞋。她看上去很年轻，真的！像一个身材苗条灵活的年轻女孩，有着光滑的皮肤和漂亮的脸。还有一点打动了我：她的目光明显透露出成熟和坚定，她的眼神很强烈，当她注视着人们和服装材料时，你可以从中看到她内心思想的雀跃。

为了让她有一个广泛的选择和全球视野，我带着她和她的助理去见了不同的设计师。她很快与其中一位有了感觉和共鸣，那是来自Como（科莫），与我认识了30多年，无论是设计才华还是为人都让我非常尊重与佩服的知名设计师——Bibi Ronchi（比比·朗奇）。我很高兴看到他们在短短的几句话之后就可以相互理解了。看到西方背景和东方背景在起始就能如此迷人地结合，真是令人兴奋的一件事。之后，他们一起合作了一个项目，这是一个独特的项目，集合了不同的经验、观点和能力，共同探寻卓越与品质。

同年9月，我有幸带着我可爱的女儿Sabra Bellot（萨布拉·贝洛特，她已经跟着我工作10年，始终给我宝贵的支持）来到赵女士在米兰Sala delle Cariatidi in Palazzo Reale（雷阿拉广场的卡丽娅提宫殿）举行的时尚发布秀。在富于启示的古代宫殿建筑中，模特们穿着精致的服饰优雅地穿行。珍贵的光波面料，加上原创新颖的刺绣，精致的剪裁，整体在珍珠灰、烟灰和天然白色的色调中呈现。我和我女儿被深深地吸引了。赵女士对我们很友善，时装秀结束后在皇宫附近举办的丰盛的自助餐宴会上，她赠送给我们一个美丽的瓷碟，那是一位中国艺术家的作品。现在，这个作品收藏在我们家的"东方"区域（我父亲住在我的房子的底楼，他对于东方世界具有很高的热情）。

不幸的是，那天有一个沉痛的消息如同阴影般挂在我心头：就在两天前，我所在杂志社编辑部的负责人突然离开人世，他不仅是我的上司，也是我非常好的朋友。听到这个消息，我难以掩饰自己的震惊和悲伤，所以我决定告诉赵女士为什么他没能来参加这场秀。那是我比较紧张的一个时刻，她也很惊讶并为此动容，她给了我一个真诚的拥抱。两个人共同的眼泪给了我一个具体切实的感受：她也是一个感性的人。尽管我们认识不久，这个意料之外的拥抱给了我深深的安慰。这不仅是因为专业原因让你真正理解人的感受，而且是一个非常令人愉悦的惊喜。

我们再次见面是在2016年，这次是为赵女士与其先生在深圳建立的艺之卉百年时尚博物馆选择作品而来。

在这件事上我看到一种我们之间的共性：我一直相信，艺术和时尚之间是强关联的，我认为这两个分支之间的相互渗透对在一个界定清晰的目标市场上，创造出差异化的时装设计至关重要。

当时赵女士从我推荐的艺术家处选择了一些作品，这些艺术家是我过去在杂志社时就认识的，他们曾与我一起做过将纹理、图片和艺术作品混合来创建灵感的情绪板。第一位是来自阿根廷，并自20世纪90年代起就旅居意大利的Florencia Martinez（弗洛伦西亚·马丁内兹）。她曾用绘制的面料进行手工缝制和刺绣，制作作品和雕塑。我们在她的工作室里见到了这位艺术家：整个工作室如同一个被绘画和五彩的织物覆盖着的彩色缩影。赵女士在房间内优雅地移动着，眼神一如既往地炯炯发光。

另一位艺术家是Gaetano Fracassio（卡埃塔诺·弗拉卡西欧），一个自制创作的创新艺术家。他的作品善于运用不同的材料，包括废弃的布料、木材、铁件等。他的房子（工作室）本身就是一件艺术作品：自制的木楼梯和小阁楼夹层穿越整个房间直到另一端的走廊通往花园。我做了应有的礼节性安排，建议大家一起吃饭。艺术家很高兴地为我们做意大利面，并邀请我们在他的小厨房里共享。

起初我有点不确定，因为我知道赵女士，由于她的身份，可能更习惯于去更加豪华的餐厅。但让我惊讶的是，她来了！她觉得这样很舒服，很乐于这样。此时我又看到她从严肃的企业家转为一个非常漂亮的、年轻的、爱笑的女孩。

之后，赵女士又邀请我的女儿和我到深圳，去参加她在华侨城中心新展厅的开幕典礼。与我们同行的还有我介绍给她的第二位设计师Rosaria Rattin（罗莎丽娅·拉提），她也被赵女士的理念及为人所吸引。这是一次让我和女儿都难以忘怀的美丽的旅行。除了令人兴奋地到访一个有意思的国家之外，它还给了我们深入接触中国商业以及文化的机会，特别是赵女士公司所始终保持的创新精神。

宽敞的新展厅坐落在华侨城中心的中央：一座巨大而美丽的建筑，在这里，高品质的商业活动和精品店优雅地结合在一起，被绿色和轻松的公园所围绕。

赵女士的展厅与周围环境完美结合，这是一个神奇的地方，非常现代的建筑，明亮、干净，以木质天花支撑（如同一幅巨型刺绣）。优雅的女装系列、内饰配件和复杂的室内装置相交错，所有的东西都经过精心选择，整体协调。

展厅中同时也有刺绣的传统服装，这也印证了一个不断被赵女士提及的理念：强调创新的同时，也要继承传统文化遗产，传统文化是一个国家的一部分。

展厅里有一位正在刺绣的女孩，她穿着精美的传统服装。这是赵女士理念的又一个鲜明印证：在创新中不会忘却，而是增强对于宝贵的非物质文化遗产的保护、发掘与应用，因为这代表了这个国家文化中必要的部分。这个概念更是通过展厅里的一组精美古代刺绣面料的展览得以展现。

在盛大的开幕仪式里（地方政府官员和媒体代表都有出席），我有机会与本季产品的开发团队见面：这是一个由快乐的女孩们组成的非常和谐的团队，她们对自己的工作感到骄傲，互相之间也非常友好：这是一个成功的创新企业的标志——一群受到激励的、快乐的队员会积极贡献于企业的发展，这是项目成功的力量所在。

我也很高兴看到我女儿的极高热情，在意大利的经济危机之后，我曾看到她对于未来失望，这对我来说是一个很大的痛苦。年轻人应该首先是活泼积极、充满激情地开始他们的职业生涯，在这一点上，我更是从心底里感谢赵女士。此外，在我看来，与其他现实世界的连接，能够帮助我们自己打开思路，寻找新的道路上的激励因素。

此后一天，在赵女士助理的引导下，我们参观了由赵女士创建的艺之卉百年时尚博物馆：这是一座很大的现代建筑，能够承办国际化的艺术展览，这也再次验证了我的想法——艺术的感知与高质量的时尚设计之间的广泛关联。

我们在那里享受到了该博物馆的第一个展览，那是反映了赵女士发展历程的展览，名为"我的老照片"。该展览不仅涵盖了她个人过去作为创业者以及一个女人的美好记忆，也从一个视角反映了深圳作为工业和商业发展支点的起步历程。其中，我们对于一份问卷产生了极大的好奇：这是当年初到深圳时每个人被要求完成的问卷。对于问题"你的梦想是什么，你预期需要多少时间来实现它们"的回答(助理翻译给我们听)，给了我们一个深入完整地了解那个时期的人们对于事业成长和家庭关怀的强烈追求。这是非常令人难忘的(并且，再一次使我女儿颇受教育)。

我对那次奇妙的旅行有着很多强烈的记忆，但是如果我不就此收笔，恐怕我会写出一整本书来。所以，我只能说它对于我和女儿真的是一段极为重要的经历，让我们能够沉浸在世界另一头与我们地理上相距那么远的地方，有很多深层的相似性把我们紧密联系在一起。

在这个艰难的世界里，我们经常经历不稳定的经济、社会和文化的问题，社会中因为有一些古老的（可以说是原始的）恐惧在不同国籍的人们心灵之间设置了界限和壁垒。我很高兴我能这样认知另外一个人，不是以破坏性的行为，而是以真诚和建设性的方式打开她的"门"。

我真的希望可以继续在这条路上与赵女士共同前行。这个"开端"仅仅是在短短两年前，却已让我打开心灵进入一个新的视野，让我认识了像她这样的人：一个成功的企业家，也是一位极具创新力的和感性的女人，在她所做的所有事情中都倾注了她的全心全意。

目录　CONTENTS

第一章　重返米兰 ··· 01

第二章　米兰时装周与米兰 ···································· 17

第三章　赵卉洲带你欣赏米兰艺术 ························· 37

第四章　赵卉洲和她的意大利朋友们 ····················· 71

第五章　归来 开启传承非遗之路 ·························· 83

后记 ·· 119

附录 ·· 121

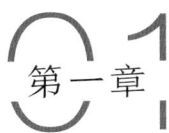

第一章

重返米兰
RETURN TO MILAN

米兰、巴黎、伦敦、纽约,四个城市每年两季的时装周,是全世界多少设计师神往的舞台。也许所有的服装设计师在年轻的时候都期待过成为大师,即使对于绝大多数人来说最终不可实现。可是,所有有品牌的设计师都会有一个梦想,让承载着自己设计理念的作品,被穿到世界上更多人身上。米兰,我又回来了,但这一次与众不同。

2015年9月,米兰,我又来了,但这一次与众不同

不确定

  在米兰留学的这几年里，我一直期待自己的设计作品能走上米兰时装周。终于有一个机会，可以让梦想照进现实了，我开心得不得了。我们在2014年受到了米兰时装周主席的邀请。可是，一切远没有想象中的容易。

  米兰时装周刚好迎来换届，主席换了。所有流程要再重新走一遍，新主席会不会批准我们去，还是一个不确定的问题。如果等待邀请函明确下来再准备，时间就来不及了，挣扎再三，先把设计做了再说。

  邀请函确定下来了，别以为就是带着衣服去米兰的秀场走一遍，事情远没有想象中那么顺利，一切都是不确定的。

米兰的秋天跟人的心情一样,阴晴不定

刚到酒店，虽然有些疲惫，外面下着雨，但是戴着HUI的帽子，我依然有好心情

沉住气

  2014年9月14日，我坐在教室里继续着时尚管理的课程。虽然处在米兰时装周倒计时中，学习还是不容错过的。同学不止一次说我：你真是能沉住气啊，这个时候了还能听课。因为，团队的签证出了问题，只有两个人的签证确定下来了，其他人的不确定，等于说他们两个人要带10个箱子，如果海关不让托运那么多东西，后期团队的签证还是下不来，那走秀的衣服就到不了米兰。清晨的米兰依然下着小雨，我戴着HUI的帽子，依然有好心情。

阴雨绵绵的米兰

阳光下的米兰艺术

组图：这个城市到处透着艺术气息

不可控

　　米兰秋天的天气阴晴不定，每天都是阴雨交替。偶尔出现的一点点阳光，让人格外珍惜。所以，终于知道为什么米兰人喜欢在太阳下喝咖啡了。

　　米兰时装周音乐、模特儿安排、秀导各个环节都不可控，我来米兰几天，只有他们主动联系我的时候，我才能问关于时装秀的事，其他时间，我联系不到他们。一切都不确定，但是，要沉住气，好不容易出太阳，就好好在阳光下感受米兰的艺术气息吧。

组图：米兰的生活与艺术

从米兰城市的足迹里感受文化,生活和艺术离不开文化的沉淀

僵持

　　同学问我：都这个时候了，你还坐得住啊？今天是9月23日，距离时装秀开始还有两天，在昨天,秀场的音乐还没有确定。可能是中国文化和欧洲存在差别，米兰的音响师听不懂我传达给他的意思。我希望有一种带有情感，像电影镜头一样，有带入感的音乐，而他反复挑选，推荐给我的还是节奏感很强的音乐。一直争执到半夜，最后音响师给了一句话：那我也没有办法，只有这些。我也傻了，不说话了，双方陷入僵持，好在今天，音响师没有放弃，终于选出了我心目中的音乐。

组图：距离"记忆的空盒子"时装秀发布还有两天，同学们也很惊讶，我还坐得住

发布会前，一次次反复确认音乐的每一个细节，一次次反复沟通调整每一种调性和风格，只为表达设计师记忆中最真实的情感，不知不觉已经到深夜了

组图:9月24日,倒计时最后一天的试装工作

傍晚，今天工作结束后天空的彩虹让人心情愉悦

彩虹

  前一天听课已经开始坐不住了，人在教室坐着，心却担心着时装周的事，脑袋里一直想着那些悬而未定的事。旧物展开始安排好的地方不同意了，在异乡要临时找一个能做展览的地方。明天就是秀开始的日子，模特儿选好了，说好的要来，如果有欧洲大牌要用她，她甚至可以在开场前临时变卦。模特儿选一轮，偶尔走几个，再选一轮，又重新彩排，好在米兰模特儿的素质都很高，差距不会很大。

  我们经纪公司的负责人是一个老太太，傍晚还没结束最后彩排的时候，她拉着我往外面走，指着说："看，彩虹。"我的神经突然从紧绷状态放松了。每一个看见彩虹的日子，都是幸福的。幸福总是很微弱的，很多人在人生的经历中，都不知道自己正处在幸福的一刻，我要警惕这样的疏忽，所以要记下来。

第二章

米兰时装周与米兰
MILAN FASHION WEEK & MILAN

从前人们谈中国的文化故事,总爱提陶瓷、苏绣等古老的东西。这一次,我试图从一个设计师的故事来阐述中国故事,去思考文化记忆的遗失,与对记忆的打捞,从而为世界找到一个新的角度去重新审视中国,一个有温度的中国。

我想找回那个装满记忆的盒子

"记忆的空盒子"与米兰时装周

我生于20世纪70年代的中国，那时候家里的衣服鞋子都是妈妈缝制的。她踩着旧式的泛着黄褐色光泽的缝纫机为我们缝衣服、补衣服。密集的针脚在缝纫机规律的摆动下一点点集合站队。缝纫机的响声常常伴着我在夏日的午后安然入睡。

每到春节临近，妈妈总爱剪些红红的窗花，并小心翼翼地贴在窗上。那些样式不一、有着巧妙留白的窗花装点了童年里的每个冬天。窗外的白雪有时候飘不远了，就落在窗棂上，白配着红，煞是好看。

妈妈也爱跟外婆一面说着话，一面做些家用的刺绣，红线成花，绿线落成叶子，细细地绣，慢慢地聊，一段绵长的家常聊完了，一幅刺绣也成了。

妈妈的手工作品，都放在一个盒子里，那是我童年的宝贝盒子，是我成长的温暖陪伴。可以做很多很美的衣服。

我常做一个梦，梦里总见我爬上柜子找童年时藏满了宝贝的盒子，有一次我翻到了，迫不及待地把它打开，却发现所有的宝贝都不见了，盒子里空空如也。

我想找回那个装满记忆的盒子，找回那些随年代逝去的东西。所以，这次秀的主题就叫"记忆的空盒子"。

时装周前期的倒计时海报,我的回忆,也是属于几代人的回忆

时装周走秀现场

"记忆的空盒子"系列作品的剪裁是轻巧的,线条柔软且流畅

  因为在米兰,所以,我希望用意大利人也能看得懂的国际设计语言,"记忆的空盒子"系列作品的剪裁是轻巧的,线条柔软且流畅,服装的搭配也轻巧雅致。

  同时,我还将剪纸这门中国传统手艺,运用于这一次的设计之中,面料上的花朵立体且生动,又不失清素雅致,如中国式的写意画般,神魂皆备。

  我加入了我的中国情结,汉秀的韵味在这时就发挥了作用。汉绣,汉族传统刺绣工艺之一,以楚绣为基础,融汇南北诸家绣法之长,糅合出了富有鲜明地方特色的新绣法。比起意大利人常用的华丽刺绣,汉绣更加工整、清淡、飘逸,艳不撩人,淡而不寡,自带隽永的光泽。

组图：时装周走秀现场

组图：时装周走秀现场

组图:时装周走秀现场

组图：时装周走秀现场

自媒体时代真的来了

时代不一样了，这次米兰时装周，虽然作品依然在提中国，但是，在传播方式上，我和团队一起做了很大的尝试，在互联网上和粉丝互动，让粉丝帮我选模特和谢幕LOOK（造型），微信、微博、各大门户网站联动，挺有意思，参与度非常高，尤其是我们自家的微博，竟然达到几千的互动量，甚至比有的门户网站还火，自媒体的时代真的来了。

让中国百姓寻常物件走进米兰时装周

每一件旧物，都有这个主人的一段故事，这是我在这一次米兰时装周的作品上极力想要表达的一种感受，于是，我在"记忆的空盒子"大秀开始之前，做了一个小型的预热展，向艺之卉的全国VIP顾客征集旧物，以及这件旧物的故事。在大秀开始之前将它们静静地摆放在米兰四季酒店的陈列厅中。在明星云集的米兰时装周上，这些20世纪50年代至80年代的日常百姓旧物，闪耀着不同的光泽，诉说着时代和情感的故事。

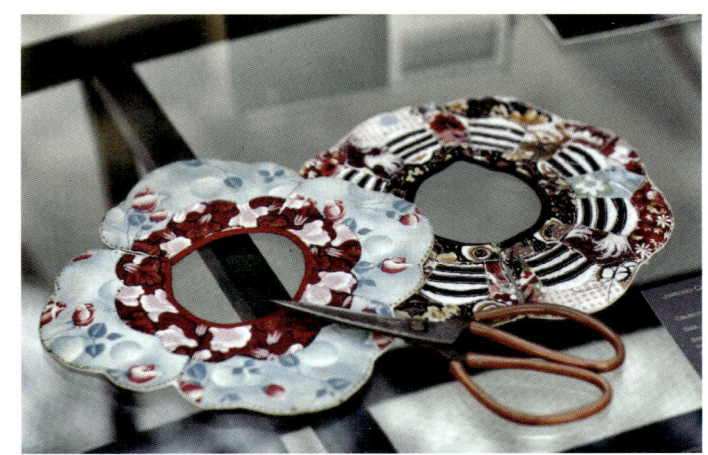

组图：婴儿拼花水巾、生锈的剪刀、老影集……带着情感而且有温度，带着我们一起回忆那个年代的成长故事

挑选模特

时装周走秀圆满结束,我穿着粉丝帮我选的LOOK谢幕

选模特

  我们这次把选择TOP1(最佳)模特儿的权利给了粉丝们,在网易时尚和艺之卉官方微博等平台开设了选压轴模特儿的活动。粉丝们投票超级热烈。

与粉丝的私人沙龙

  在自媒体时代,我也从幕后走上台前,与粉丝近距离接触。在网易时尚上,我让大家帮我一起选择谢幕LOOK,在玲珑沙龙上回答粉丝关于米兰时装周的疑问,告诉她们想知道的关于米兰时装周的一切。

  效果超出我的意料,一天不到,综合统计了艺之卉时尚集团三个微信平台、新浪时尚、凤凰时尚、网易时尚几大平台,共有3146人参与了本次投票,其中1227人选择了LOOK3。

秀的关注度出乎我的意料

在发秀票之前,我还很担心,第一次来米兰办秀,VIP在国内,国外的观众又不认识我,观众不多怎么办,所以,前期秀的邀请函就没有制作那么多。

大秀当天的景象真的是出乎我的意料,不仅国际买手、时尚界人士、米兰时装周官方,以及中国驻意大利大使来了,而且很多在意大利求学的学生也来了,连站的地方都没有。

我站在后台,秀导也在后台,透过后台的屏幕,看到这一幕,我感动极了。突然,后台的屏幕出问题了,看不到前台的情况了。模特儿走完之后,我出来谢幕,秀的情况我并不清楚,可是,现场观众的支持感动了我。多年来的心愿实现了,眼泪在眼眶里面打转,后来,朋友说感觉我当时激动得要哭了。可能吧,不过陪着中国时尚一路走来,已经没有那么脆弱了。

秀后接受国内外媒体的采访,国外媒体问得最多的是中国时尚的发展现状

左：沈沉（上海东华大学教授）
右：李当岐（中国服装设计师协会原副主席）

左一：张庆辉（中国服装设计师协会副主席兼秘书长）
右一：陈大鹏（中国服装协会常务副会长）

右二：Mario Boselli（马里奥·伯赛利，意大利国际时装周前主席）

组图:虽然那几天基本没有睡觉,晚上的秀后PARTY(派对)还是去了,因为不想辜负大家对我的帮助和支持

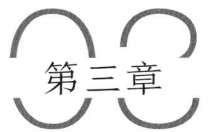

第三章

赵卉洲带你欣赏米兰艺术
ZHAO HUIZHOU TAKES YOU TO APPRECIATE THE ART OF MILAN

在米兰,随处都能感受到艺术的存在,它不是矫揉造作,它是自然的、和谐的、毫无违和感的。

在米兰,随处都能感受到的艺术气息

逛博物馆

　　许多人去米兰，首先想到的是去一些著名的景点看看。这些年，我倒是越来越少去那些所谓的"必去之地"。比起逛景点，我更愿意选择逛博物馆。

　　逛博物馆的好处太多，它们大多隐于市，不冷不热，处处能发现惊喜。你既能凝视一幅作品半天，也能席地而坐与人交谈，更加自由自在。

　　好的博物馆是时间的馈赠，筛选下浓缩历史信息的物件让我们去感知，我们不用走很远的路就可以看遍全世界，在另一个时代呼吸。它们曾经在不同时间给不同的人感受，如今在我的面前，又可以说新的话。

　　在博物馆遇到的朋友大多有着共同的价值观及高超的艺术审美能力，彼此聊上几句，便像认识多年的朋友。人生难得知己，如今想起某个博物馆，也会想起在博物馆遇到的那些聊得来的朋友。

Armani（阿玛尼）博物馆

独特的设计语言是需要沉淀的,而持续的DNA也是非常重要的

Armani(阿玛尼)博物馆

  Armani博物馆的空间设计特别现代,共有四层。四层空间里总共展出了1980年至今阿玛尼品牌推出过的600套服装及200套配饰。在Armani博物馆我走得很慢,想尽量看仔细。

  Armani服装的符号性特别强,集东方和西方于一体,Armani的色彩很雅,很东方,在博物馆还可以看到Armani自创的纱色。但是,它们的廓形却很现代。

  透过Armani博物馆,感受服装随着时间的改变而改变,看时尚到底随着社会的变迁发生了哪些变化,也不禁感慨自己在历史面前是如此渺小。

在Armani博物馆可以看到品牌各个时期的服装,透过Armani窥探时尚发展史与人类生活发展史

Ferragamo（菲拉格慕）家族工坊，现已传到第三代人手中

Salvatore Ferragamo（萨瓦托雷·菲拉格慕）博物馆

  Salvatore Ferragamo 博物馆坐落在佛罗伦萨的费罗尼-斯皮尼大宅，这座大宅自1938年以来作为Ferragamo家族工坊，现已传到第三代人手中。

  走进Ferragamo的博物馆，处处都散发着艺术与文化的气息。这里收藏了一万双原创鞋履，以及Ferragamo无数的鞋楦头和照片。

  这些鞋不仅是工匠的艺术品，更加浓缩了人类的历史。在这里，每双鞋都有自己的故事，它可能是为玛丽莲·梦露而设计，也有可能是为奥黛丽·赫本而设计。透过一双双鞋型和鞋号，也可以窥探人类审美的发展轨迹，原来中世纪的人特别喜欢小脚，十分有意思。

  欧洲品牌特别讲究出处，每一个细节都有自己的文化感，也渗透着品牌的DNA，比如，在Ferragamo的丝巾上印着博物馆这座大楼的图像，这点十分值得国内品牌学习。

Ferragamo 博物馆

组图：中世纪流行小脚，透过鞋号看历史

Ferragamo 博物馆的每双鞋都有自己的故事

Ferragamo 丝巾上印着博物馆的图像

Ferragamo 博物馆用心传承品牌故事,是一个有沉淀有温度的博物馆

Prada(普拉达)博物馆

Prada 博物馆(威尼斯)

  缪西亚·普拉达被称为时装界的女文青,所以,她创建的博物馆当然很先锋,用她自己的话来说:"将这个时代最深奥和发人深省的艺术项目,呈现在世人面前。"在Prada博物馆,可以看到与当代最先锋的艺术、建筑、电影和哲学有关的东西。品牌的博物馆是品牌DNA的集中体现,所以,纵观Prada这几年的创作灵感和创作风格,真的很先锋。

Prada 博物馆展厅

组图：艺术品收藏其实就是收藏者个人情绪的表现

组图：把品牌的表现融合在其中，Prada真的很先锋

Gucci（古驰）博物馆（佛罗伦萨）

对于Gucci博物馆，我还是有些失望的。里面的展品大多数讲述品牌的经典案例。比如，它的经典图案、travel（旅行）系列等。不过Gucci博物馆的商业化做得倒是很好，在Gucci博物馆就可以买到它的产品。

看了这么多的博物馆，我也在思考艺之卉要打造怎样的一个博物馆。我想一个好的博物馆不仅仅应该是一个品牌发展历程的展现，它也应该反映社会、人们生活方式的变迁。同时，也有着情感、艺术、文化的收藏品，成为一个有温度的博物馆。

Gucci 博物馆外景

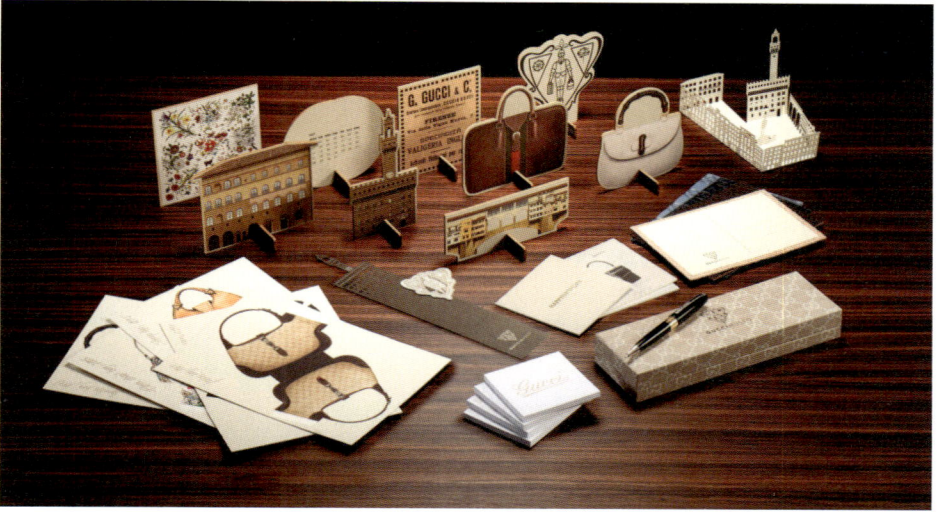

组图：Gucci博物馆藏品

在意大利，一般五星级的酒店每晚的费用是4000元人民币，而我愿意花费双倍的价格去住品牌酒店。我是实实在在的酒店控，可以在20天换五六家酒店。好的酒店不仅是舒适的，也是品牌文化、精神的展示，每当我走进这些酒店，身上的细胞就像海绵一样，不断地在感受，在吸收。

Armani（阿玛尼）酒店

Armani的美学设计是独一无二的，在充满理性力量的同时，也带着高贵、优雅的气质。Armani酒店的设计美学和品牌的时尚美学相吻合，外观质朴却充满力量。居住在Armani酒店，仿佛一切都是神秘而隐秘的，Armani经典的米灰色、奶棕色、绿色和珍珠色，丝质乔其纱、绿色鹅卵石，宁静、轻松，在舒适的基础上增添了卓越的审美内涵。

组图：Armani酒店和它品牌的DNA一致，简约、优雅

Bvlgari（宝格丽）大酒店

　　Bvlgari大酒店处在闹市之中，却十分宁静。房间内摆放的蜡烛、植物和其他家居用品，营造出一种优雅而热忱的氛围。在Bvlgari大酒店，随处可见品牌的经典宣传图片。好的设计离不开品牌文化的沉淀，品牌风格体现在每一个细节之中。

小小壁炉营造出一份宁静与温馨

每个角落都充满温馨感

组图：这个民宿是一个艺术之家，主人是一位90岁的老太太，家里摆放着许多家人的照片

Airbnb（爱彼迎）民宿

　　除了品牌酒店，我也会在Airbnb订民宿。这次我们在威尼斯订的民宿主人竟然是当地的一个贵族，老太太今年已经90岁了，先生早已离世。可是，老太太直到今天，脸上也洋溢着幸福的笑容，她一直拉着我，跟我说她的先生生前如何如何爱她。他们曾在世界各地旅行，家里面的收藏品，是他们在不同的地方、不同的时间收集回来的。每一件物品都有一个故事，她一个一个给我讲着，我竟然流下了感动的泪水。生命很短，回忆却可以很长，我想把时间用在那些事后回忆起来可以谈上一整夜的地方。

组图：一个充满爱，带着浓浓的记忆和温暖的家。人生一世虽然短暂，有满满的爱足矣

威尼斯双年展

这次去威尼斯,刚好碰上双年展。威尼斯双年展每两年举办一次,至今已经有120年的历史。不同国籍、不同年龄、不同文化背景、不同艺术体系的艺术家,运用不同的艺术手段,将自己对世界的理解和诠释呈现给世人。当代艺术关注的都是当下最集中的问题,这一届的主题是"未来的世界",每位艺术家的理解与表现形式都不一样,但是,都很先锋,很现代。

双年展展馆外

艺术作品局部。当代艺术，你感受到，就理解到了

真的成帽控了,笑得很开心,双下巴都出来了

开心是能传染的,两个欧洲人跟我一起开心地合照

集市

在米兰的日子是忙碌的,好不容易做完自己的秀,又忙着看其他品牌的秀,在两场秀之间只有一个小时的空闲,这点时间也阻止不了我去每个月一次的集市。米兰河边的集市,每个月的最后一天才会开,人们拿着自己的旧货来销售,如果有时间,可以在这个热闹的集市淘上一整天。可是,这次只有一个小时,不去觉得遗憾,所以,一定要去。

来了不淘个东西也会觉得遗憾,一眼扫到了一个编织的草帽,就它了,好开心,旁边两个欧洲人看我这么开心,也被感染了,和我一起合影。然后,我就戴着这顶草帽,开开心心地去看秀了。

漫步在米兰这个城市，感受浓浓的秋意

米兰的城市视觉记忆

  在米兰，随处都能感受到艺术的存在，它不是矫揉造作，它是自然的、和谐的、毫无违和感的。哪怕只是一个生活中很普通的物件，只要在米兰，它就会发光，熠熠生辉。我想这就是这个城市的魅力所在。

组图：城市景色

这里每一处景色都犹如艺术般的存在

组图：在这里，镜头中的每一帧画面，都是惊鸿一瞥，美得惊心动魄，比如我无数次走过的Duomo（多魔）大教堂

第四章

赵卉洲和她的意大利朋友们
ZHAO HUIZHOU AND HER ITALY FRIENDS

在意大利的两年,我怀着感恩的心,遇到了许多意大利朋友,与他们建立了深厚的友谊。我很想和大家分享我与他们的故事,把这些善良、优秀、美好的朋友也介绍给大家,把感动与喜悦传递。

一路走来，遇到许多良师益友，非常感恩

米兰时装周当天刚结束，其实我已经非常累了。但是，看到这么多支持我的朋友都在秀后party等我，我立刻忘记了困意，抓一抓发麻的头皮，立即赴约。

　　在意大利的两年，遇见了很多优秀的、志同道合的朋友，他们见证了我的成长，我也见证了他们的成长，从相识，到成为朋友、一起进步，进行合作，这两年我们抱着感恩的心建立起了友谊。我很想和你们分享我与他们的故事，把这些善良、优秀、美好的意大利朋友也介绍给你们，把感动与喜悦传递。

站在窗边回想着这20年的成长，想着多年来一直支持我的朋友们

我和Rosaria Rattin(罗莎丽娅·拉提)

Rosaria Rattin
艺之卉设计顾问

  Rosaria Rattin曾经是Max Mara(麦丝·玛拉)的设计师，同时拥有独立品牌Kose(寇丝)，现在是艺之卉的设计顾问。我与她是在很偶然的机会下认识的，我们有那么多不一样的地方，她外表理性，却内心柔软；我外表看起来娇小，内心却比她坚强。我们的沟通也不是很顺畅，她只会一点点英文，我的英文也不是那么好，但是，我们却有一种一见如故的感觉。我们对事物的看法与对美的感觉出奇地一致，她这次在米兰设计周的陶瓷作品是讲城市的故事，然后我这次秋冬系列的主题是：我和城市有个秘密。这真的是完全的偶然，我们俩在做设计之前，没有沟通过，但是喜欢的色彩调性，包括那种极简的感觉，出奇地一致。这张照片，是我和她在米兰的时候拍摄的，当时她的至亲刚刚去世，我可以感受到她的情绪很低落。所以，我觉得有时候，面对一个和自己如此像的女性，沟通不需要语言。

我和Giovanna Gentile Ferragamo（乔瓦娜·简提列·菲拉格慕）

Giovanna Gentile Ferragamo
Salvatore Ferragamo S.P.A.（萨瓦托雷·菲拉格慕）集团副总裁

  Giovanna女士是Ferragamo集团的第三代传人，她本人比照片上看起来还要优雅和美丽。在Ferragamo博物馆，Giovanna女士耐心地亲自给我们讲解了一个多小时。Ferragamo在米兰有一栋3层楼的建筑，一楼是Ferragamo的博物馆，二楼是体验店，三楼是办公区域。在讲解Ferragamo品牌故事的时候，Giovanna女士脸上散发出了光芒。她对于品牌的热爱和传承特别打动人，她应该是我的一个学习楷模吧。看了Ferragamo的博物馆，我思考自己的博物馆要做成什么样子。

Barbara

Barbara
时尚编辑、经理人

  Barbara是一位非常真挚的朋友,我与她相识的时候,正巧逢她被聘为 *Fashion Textile* 的编辑,这是一本关于颜色和面料流行趋势、技术和创意的杂志。在意大利,Barbara介绍我认识她的艺术家朋友们。她也曾多次远道而来参加艺之卉在国内的秀以及博物馆的活动。当我刚认识她的时候,我就感受到她的真诚与感性。记得有一次Barbara与我约定,她和她的上司会来参加我的秀,但是,因为她所在的杂志社的上司,也是她非常好的友人不幸过世,她的上司未能如期而至。再次见面时,我俩深深拥抱,我能理解她的悲伤。我与她的友谊不仅仅是来自专业背景,更来自这种无法用言语形容的情感共通。

Bibi Ronchi

Bibi Ronchi
趋势设计家

　　我和Bibi Ronchi认识是经过Barbara介绍的,她是一位趋势设计家,来自Como。与Bibi的相识真是奇妙的缘分,虽然我们有不同的文化背景,但我们在短短的几句话之后就可以相互理解,真的是艺术无国界。在此之后,我们的友谊就开始了,她来到北京参加我的秀,我们也共同创建了一个新项目,Bibi和我一起进行将中国历史的伟大遗产与当代生活方式相融合的尝试,将最新技术与古老的艺术与工艺相结合。西方背景和东方背景的两位艺术工作者能配合得这么好,真是让人兴奋的一件事情。

Arturo Dell'Acqua Bellavitis（阿图罗·阿卡·贝拉维提丝）与 Francesco Zurlo（弗朗西斯科·佐罗）

在米兰学习了两年的时尚管理课程，我最不能忘记的朋友当然是我的老师和同学们。Arturo Dell'Acqua Bellavitis 与 Francesco Zurlo 等教授一般都出身于时尚品牌，经过实战，又不乏理论研究，却十分平易近人，完全把我当朋友看待，这次硕士毕业还给了我满分。

我与Arturo Dell'Acqua Bellavitis（左一）、Francesco Zurlo（右一）

Mario Boselli（马里奥·伯赛利）

Mario Boselli
意大利国际时装周前主席

我们最初决定去米兰时装周就是与Mario Boselli联系的，在我们走上米兰时装周的时候，刚好换届。不过，他给予了我们很大的帮助，他十分关心中国时尚行业的发展，也很肯定中国设计师，最可贵的是他特别慈祥与和蔼。在一个行业做了一辈子，这是多么难能可贵的一件事。

其他不能不提的朋友们

在米兰两年的时光中，还遇到了许许多多的朋友，他们不仅是我艺术上的导师，也给予了我设计和工作方面极大的帮助。意大利著名建筑空间设计师Paolo Giachi（保罗·伽奇）帮助我们设计了HUI的形象店；HUI牌与意大利高级面料Faliero Sarti（费丽罗·莎提）合作；米兰时尚杂志 *Aurevori*（奥雷沃丽）的创始人Maela Leporati（玛埃拉·莱伯拉提）在我们时装周当天还在后台帮我们搭配服装；更不用提这些年与国际羊毛局的合作与互相支持。艺之卉的成长离不开这些朋友，遇见这些朋友真的是很幸运，感谢大家。

第五章

归来 开启传承非遗之路
RETURN OPEN THE ROAD OF INHERITING
THE INTANGIBLE CULTURAL HERITAGE

让非物质文化遗产走入现代生活,把非遗元素与现代服饰相结合,非遗会更有生命力。我一直在为非遗的传承而努力。

宰荡村，勤劳、淳朴的孩子

在"让非遗回家"活动中做开幕演讲

在米兰求学的两年开启了我人生的新篇章，也让我看到了艺术遗产和历史文化是怎样影响服装业，而一个真正的百年经典服装企业又是怎样建成的。

Armani独特的含蓄而内敛的自创纱色，Ferragamo那一双双各具特点的手工鞋，无不让人感觉到它们特有的文化，以及温暖人心的灵魂，这些让人不由得感动的存在都离不开手艺人，离不开手作的传承。

我意识到，在结束向西方时尚取经的20年，中国设计想要再上一个台阶，也需要有自己的文化和语言。中国时尚的未来，不是做很国际化的服装，而是要传承中国的文化和中国情结。

我想要找回中国文化的根，想要把它们留下来。所以，回来后，我便成立了"十=十"公益平台，组建了中国妇女联合会·卉基金，开展非遗公益展，去贫困乡村开展非遗公益课堂……

我希望能尽自己的努力去扶持更多的手工艺人，让服装中有更多的手工作品，让更多的人认识他们。这是我作为一个服装设计师的社会责任，我也觉得当我的理想与社会福祉相结合的时候，我便不再是这个旅途中一名孤独的行人……

走进贵州榕江归柳,开启我们贵州公益游学第一站

终于进村了,一到就被侗族热情的迎客歌所感动

手作之美

在2017年的夏天,我们来到贵州南侗,这里的侗家鼓楼、苗族吊脚楼、绮丽的挑花蜡染、多彩的民族服装以及正在刺绣的苗族绣娘,都让我念念不忘。深山老林的自给自足,纯粹而简单。

与都市人赶时髦不同,这里村民的穿着仍保留着古朴的传统,纯天然手工制作,从织布、植物染色到组织纹样,虽然缓慢,却令人身心愉悦。侗族随处可见的靛蓝所带来的那份静谧,与乡村的山、树林,甚至是空气和风,形成一种自然而奇妙的感觉。

这是怎样一种感动呢?它让人能真正地面对自己的内心,感受到生活,服装不为向外界炫耀,而是简单、纯粹地为生活服务。而我一直认为,服装并不是只具有实用性,它应该是关心人的,关心人的情感和精神世界,我想把这种感觉带给更多人,通过这些纯粹、温暖和自由的手作。

组图：喜欢侗族简单纯粹的生活，就像他们随处可见的靛蓝

组图：我们蓝染课出的作品，蓝布与山间的空气和风，形成一种自然而奇妙的美好感觉

传承从娃娃抓起

这次贵州之旅,随我一起来的,还有一群深圳娃娃和深圳妈妈,这也是我们卉基金开启的第一次贵州公益亲子游学之旅。

之所以开启这次特殊的旅途,还有一个原因:由于贵州当地年轻人外流严重,贵州的传统手工艺面临后继无人的困境,信息闭塞也使得贵州传统工艺与时代脱节,贵州的非遗无法走出大山让更多人知道。

而我期待能通过和当地传统技艺老师、社会企业进行深度合作,实现卉基金——当地社企——当地村寨的扶助路线,让参与者的支持费用给到用劳动换取价值的当地社企、当地村寨和手工艺人,实现"设计扶贫"的目标。

令人欣喜的是,在这次公益之旅中,孩子们对手作表现出了极大的喜爱之情,完全沉浸在手作之美中。在贵州归柳村,孩子们领会到了蓝染带来的工匠精神的温度。在蓝染课中,孩子们认真地倾听手艺人教学,孩子们之间的协作能力和动手能力都非常棒,每一件扎染出来的图案都是独一无二的。更难得的是,孩子们在学习的同时还用上了自己的创意。

手作需要匠人的精神,这对孩子们是一种锻炼,也是一次难忘的经历。而对于非物质文化的传承来说,孩子们成为喜欢非物质文化遗产的新一代,这些古老的文化才不会消失。

第一次贵州公益亲子游学之旅

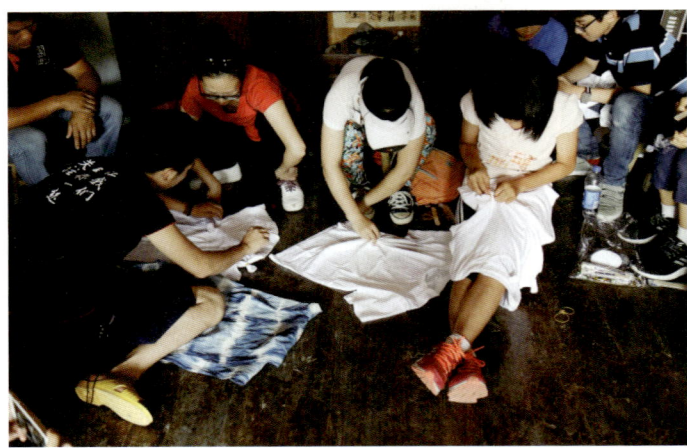

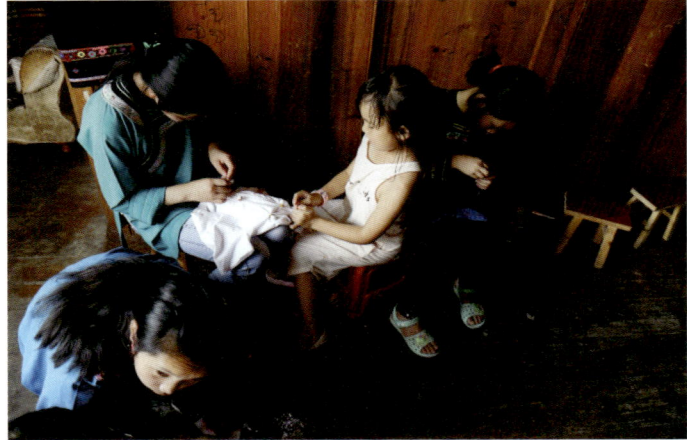

组图：卉基金非遗公益艺术课走进贵州榕江归柳山寨，孩子们开始了蓝染课

组图:孩子们的作品——纯手工制作的花草纸,在太阳下暴晒,干了就好了

和宰荡村寨国家级非遗传承人一起学侗歌,和贵州小朋友一起参加篝火晚会;更重要的是,在玩闹和嬉戏中,学会了非遗传承技艺

组图：游学的孩子们收获满满，与勤劳、淳朴的贵州孩子一起交朋友，一起爬山、摘果子、听侗歌、住侗寨，过农家生活

最近一年来倡导的非遗，并非是故步自封，而是用中国传统文化、中国传统技艺之魂，来嫁接现代时尚之魄，是为了更好地创新、更多地原创

让手作重获时尚新生

其实,除了这次贵州游学之旅,艺之卉一直在为非物质文化遗产的传承而努力。非物质文化遗产并不是遥远的事物,它也不代表古老。相反,手作往往是高定服装中必不可少的一部分。手作能提高服装的价值,也能让人感到灵魂的存在。

我想让手作"活化","活化"并非是让非遗高高在上,而是让非遗走入现代生活,把非遗元素与现代服饰相结合,非遗会更有生命力。艺之卉的拥趸不难发现,艺之卉近两年的时装,都有一些小小的变化,外套胸口的一朵小小刺绣、时髦裙装侧翼的苗绣等,都是非遗艺术与现代时尚的结合。

组图:2017年8月"让非遗回家"手作蓝染展

除了通过作品让手作重获新生,原生态的非物质文化遗产不应该在大山里,它们应该时不时出现在都市人的生活中。为此,我们的"十=十"共创公益服务平台在过去的一年多时间里,多次举办非遗文化展览,让非遗回家。

"一起回家，设计扶贫"项目，艺术展览和公益时装秀海报

组图:"十=十"还常年开设四点半学校,在四点半学校中,非遗艺术课堂经常会举办一些有意义的活动,比如用李子、胡萝卜、草莓、姜黄末、洋葱、咖啡粉、木耳菜、紫甘蓝、薰衣草等纯植物,将传统印染的技术带入都市

组图：2017年3月，四点半学校与深圳外国语学校国际部合作，专门挑选非遗扎染技艺，用密蒙花等做原材料，来研磨、熬制、上色，新颖有趣和易于操作的植物游戏让孩子们见识到天然色彩师的魔力，也让孩子们了解了非遗扎染技艺

"记忆的空盒子"赵卉洲媒体宣传照

气质女人的共享空间
为实现女人梦想的共创公益服务平台

如今,传承非遗文化已经成为我生活中的一部分,这个公益事业也将成为我终身坚持的事业。但是,我知道自己可以做得更多,在公益的路上我不应该止步于此。于是,我将"十=十"共创公益服务平台扩展至帮助女性,让都市女性回到完美的自己,我想我在这方面是有话语权的,现代女性承受的压力,她们心中的梦想,我都感同身受。因为,我都经历过。

大约20年前,当时我还是一个怀揣着梦想的小姑娘,只身一人,一腔热血来到深圳,一门心思要实现自己的设计梦想。

那一年是1997年,那一年我刚刚大学毕业,母亲为了供我上学,辞掉了当时体面的工作,开了一个裁缝铺。我除了想实现自己的设计梦,还想着赶快赚钱,补贴家用,让母亲不用再那么辛苦了。

我当时没有资源,没有背景,也没有钱,唯一有的就是一腔热情。我在华强北开了一间10平方米的小店,做自己心目中的设计,简单、优雅,为气质女性打造。

每天起早贪黑,每晚最早也是快10点回家。但是,我没有一丝不开心,能做自己喜欢的事,是一种天大的幸福。

我希望能像鱼一样,内敛中不失灵动,外柔内刚,在水中承受着极大的压力,却永远给人一种优雅、灵动的姿态。

慢慢地,越来越多的人喜欢我的设计,要求我开店,从此,我的店越来越多,在每个城市的商业区、购物广场……我成了著名的时装设计师,我的品牌被人们熟知,走上了国际时装周。

在这期间,我什么也没有耽误,生儿育女、孝敬父母、品味生活、出国继续读书。我成了人们眼中的人生赢家,我也不再是当年的小女孩儿了,我想做一些更有意义的事情。

十=十 ｜ 设计·生活·家

在这将近20年的奋斗过程中，我从一个一无所有的小女孩儿，一步步实现了自己的人生理想。我现在想要帮助更多的女性实现理想，成为一个更加完美的女性，所以我和我的朋友们一起创立了一个平台，希望能帮助每个女人回归到更完美的自己。

现代女性再怎么拼再怎么勤奋，终究还是喜欢甜蜜生活的。一个女人，完美的女人，不仅要有事业、有梦想、有社会责任感，还要有生活、有家庭、有爱。

一个女人无论多忙，就算没有人陪，一个人也要抽时间看展览、读书、品茶，让日子慢下来，和这个势利的世界握手言和。

在这20年中，我一直努力让自己美起来，让自己的日子也美起来，我知道变得更幸福的方法，现在也想传递给你。

我和我的朋友们创建了一个平台，就是为了让每个女人回到更完美的自己。

从两年前开始筹建至今，对我来说，也许可以借用作家余华的书名，这是一段"温暖和百感交集的旅程"。

其实，从1997年我在深圳开了第一个服装小店开始，它的种子就埋在心里，而这20年来，它在我心里慢慢成形，最终呈现出今天的样子。

它的名字叫"十=十 ｜ 设计·生活·家"。

十=十 | 设计·生活·家

与其他领域结合，创造新的文化衍生品

组图：在这里经常举办不同的展览

各界展览

聚焦女性审美生活，结合当代生活、设计、艺术展览形式，为各个领域的优秀作品、艺术家、达人等举办不同主题、形式的展览。

在"十=十"也经常举办各种培训课程与沙龙

培训/沙龙/体验

时尚搭配、美妆造型、亲子互动、艺术讲座、茶道品鉴、养生护肤、手作公益、礼仪文化、插花艺术。

高级定制

基于十几年的时尚设计经验,从时装到生活方式,为女人们提供最贴心的美丽优雅气质定制服务。

"我爱你"主题摄影展,亲子系列

2017春夏"主要看气质"广告

HUI·2016"家里有花园"系列服装

品牌服装

十几年独具中国文化气质和现代设计灵感的设计师品牌，让女人们的气质从内而外，时尚而优雅。

文创衍生品

跨界于时尚、艺术、设计、科技领域的资源与经验，与各界知名达人合作，创造新的文化衍生品。

创意餐饮

融合艺术与生活，在独具创意和文化韵味的美食空间中，传达精致、健康的慢生活美学。

女性创客平台

聚合社会各界女性创客力量，为具有独创精神的女创客，提供开放、多元、丰富的展示、沟通、孵化的共创平台，提升女性群体在新时代的创新价值。

组图：女性创客平台与创意餐饮

组图：卉基金开幕

"让非遗回家"活动,接受媒体采访

移动互联网平台女性社群

建立互联网媒介平台,App、微信、微博,建立百万级线上论坛、社区、兴趣小组;讲座、分享、资讯即时同步,超越时间和空间的束缚,互助、众创、共享、众包……

十=十·幸福公益基金

通过"十=十"公益平台,创立"幸福公益基金",带动全社会的共同力量,为深圳500万名气质女性的幸福生活,创建更具活力和更大力量的成长空间。"十=十"让每个女人回到完美的自己。

后记

不变的梦

  2015年9月25日,对我来说,毫无疑问,它是我生命中一个刻骨铭心的日子,我走上了米兰时装周,它是我设计人生中的一个重要驿站。

  再回首谢幕的那一天,记忆是那样的淡。但是,在米兰学习的两年中,我看到了Armani、Prada、Ferragamo等意大利品牌的文化,受到的传承带给我内心的力量,时至今日,依然那么震撼。于是,希望像意大利服装一样,传承属于中国自己的文化的目标就这样在我心中树立起来。

如果说年轻的时候，我向往国际化，那么，随着岁月的流逝，我渐渐明白一个道理：好的设计需要匠心，非物质文化遗产是中国匠心的真正所在，而这些宝贵的手工艺正在加速流失。保护它们，传承它们，让更多的人看到它们，是我作为一个设计师的社会责任所在。

　　今年是艺之卉创办的第20年，20岁是一个女孩子最好的年龄，对于一个服装品牌而言，也是如此。在"成人"的这一刻，我们突然间找到了自己的设计语言，这是让自己甚至整个中国服装设计再上一个台阶的关键所在。

　　这是多么让人欣喜的一件事儿啊！当我有了这样一个伟大的梦想时，当一个人的理想和社会责任相结合的时候，当一个人的奋斗目标能帮助更多的人的时候，我感到一股更加强大的力量，让我每天充满激情与活力。

　　值此图书出版之际，也感谢那些在设计路上遇到的，帮助过我的朋友们，还有为艺之卉付出努力的同事们。

　　朋友们，我的梦想一直都没有变，一直很单纯、很简单，用设计让生活更美好，用设计让世界更加美好，我愿意为此付出一生。

赵卉洲

2017年8月21号于深圳

附录

赵卉洲

赵卉洲　简历

中国十佳时装设计师，EACHWAY艺之卉时尚集团首席设计师。

1996年毕业于湖北美术学院服装设计专业，获文学学士学位；2011年获中欧国际工商学院EMBA工商管理硕士学位；2016年获米兰理工大学时尚管理硕士学位。现为亚洲时尚联合会理事，中国服装协会理事、广东省设计师协会副会长、深圳市品牌促进会副会长、深圳设计师协会副会长、深圳服装协会副会长、深圳市女企业家协会副会长、深圳市政协委员、2014APEC服装主创设计师。

1997年11月，赵卉洲正式创立女装品牌EACHWAY艺之卉，并以服装设计师的身份参加了在北京举行的首届中国服装设计博览会，当时提出的"名师、名牌"工程的理念对她触动很大，她想用自己的设计来表达对生活、对美的追求和理解，以此实现一名设计师想要完成拥有自己服装品牌的梦想和愿望。

现在，EACHWAY艺之卉品牌已成为中国原创设计师女装品牌的代表。并先后推出高端设计师女装品牌HUI和时尚艺术生活方式类品牌SOFA。多次作为中国品牌代表参加国际时装周，先后在法国、韩国、波兰、俄罗斯、中国香港等国家和地区举办专场时装发布会。多次在中国国际时装周上摘得"中国十佳时装设计师""最佳女装设计师"等奖项。并与著名导演贾樟柯、"云南印象"实景演出系列导演王潮歌等诸多知名人士一同荣获中国服装论坛"非凡时尚人物"称号。

作为深圳时装行业及设计行业的代表人物，赵卉洲在2008年成为深圳申报联合国教科文组织全球创意城市"设计之都"资格的代表。

作为跨界于艺术与时装领域的先行者，赵卉洲在2012年2月成为中国首个入围全国美术展的时装设计师。在2013年11月，其设计作品《自然空间》——作为当代时装艺术品首次现身2013中国嘉德秋季拍卖会，也是中国首个进入嘉德艺术品拍卖领域的时装设计师。2014年，为APEC亚太经济合作组织峰会领袖配偶设计礼服，代表中国最高设计师水平参与此重大项目，设计产品既彰显中国文化的博大精深，又尊重各经济体文化的多样性；既体现风韵，又展示时代精神。2015年，成为首位登入米兰时装周的中国设计师。

十几年来，赵卉洲以设计来表达对生活、对美的追求和理解，以"鱼文化"的精神，将全新的健康、清新、自然、婉约的生活元素，以设计的概念注入EACHWAY艺之卉的产品中，满足都市白领女性追求时尚品位的需求，展现其智慧、知性、高雅、自信的内涵。

经过多年的发展和沉淀，她已经形成了成熟而独特的"简约自然、清新优雅、时尚品位、大气内敛"的设计风格，将东方的审美理念和传统精神内核，用现代的观点和设计手法重新诠释，将EACHWAY艺之卉"你的气质原来可以被阅读"的品牌理念，用最前沿、最国际化、最东方化的服装流行语进行了完美的表达。

图书在版编目（CIP）数据

中国的米兰记忆 / 赵卉洲著. — 深圳：海天出版社, 2018.2
ISBN 978-7-5507-1955-2

Ⅰ．①中… Ⅱ．①赵… Ⅲ．①赵卉洲－自传 Ⅳ．①K825.72

中国版本图书馆CIP数据核字(2017)第310522号

中国的米兰记忆
ZHONGGUO DE MILAN JIYI

出 品 人：聂雄前
责任编辑：刘秋香　张绪华
责任技编：梁立新
责任校对：熊　星
封面设计：艺之卉视觉

出版发行：海天出版社
地　　址：深圳市彩田南路海天综合大厦 （518033）
网　　址：www.htph.com.cn
订购电话：0755-83460239（批发） 83460397（邮购）
设计制作：艺之卉视觉
印　　刷：深圳市信和印刷有限公司
开　　本：787mm×1092mm　1/16
印　　张：9
字　　数：100千字
版　　次：2018年2月第1版
印　　次：2018年2月第1次
定　　价：68.00元

海天版图书版权所有，侵权必究。
海天版图书凡有印装质量问题，请随时同承印厂联系调换。